LES INRATABLES

Recettes gourmandes

SPÉCIAL ÉTUDIANTS

LAROUSSE

INTRODUCTION

Vous pensez que la cuisine maison nécessite forcément beaucoup de temps et d'argent ? Les seules solutions trouvées à ce jour pour manger équilibré et à petits prix vous semblent être le resto U et les coquillettes au beurre ? Votre kitchenette vous semble aussi accueillante qu'une salle d'examen un lundi matin ? Comme nous savons que se nourrir correctement au quotidien pendant les études relève parfois du défi, nous avons voulu trouver une solution… Vous tenez ainsi entre vos mains l'ouvrage qui va transformer vos repas, et vous (re)faire sentir (presque) comme à la table de Papa et Maman, sans bouger de votre studio !

Découvrez vite 100 recettes ultra-faciles et très gourmandes, pour vous régaler à tout moment de la journée. Avec 2 à 6 ingrédients principaux, des temps de préparation réduits et quatre étapes maximum, réalisez des plats variés et équilibrés en un rien de temps et sans casser votre tirelire.

À chaque occasion sa recette : les plats du quotidien pour reprendre des forces entre deux révisions, les petits grignotages à partager entre amis à l'apéro, les desserts et autres douceurs à savourer devant la série du moment, les petits déj' spécialement conçus pour les dimanches grasse mat', et même les dîners un peu plus chics pour impressionner votre rencard du samedi rencontré à la B.U. En bref, grâce à ce livre, vous ne serez jamais plus à court d'idées pour vous régaler !

Tarte fine comté, tomate et origan, salade césar, cordon-bleus bresaola et courgette, conchiglie farcies ricotta et épinards, cookie à la poêle, smoothie bowl mangue et banane… Finis les croque-monsieurs industriels et les raviolis en boîte : passez à la cuisine inratable !

SOMMAIRE

APÉRO POUR LES COUCHE-TARD

LA POPOTE DE TOUS LES JOURS

DÎNER CHIC POUR GROS RENCARD

DESSERTS & DOUCEURS

P'TIT DEJ' SPÉCIAL GRASSE MAT'

15 MIN

SANS CUISSON

4

HOUMOUS À LA BETTERAVE ET AUX CACAHUÈTES

1 PETITE BOÎTE DE POIS CHICHES ÉGOUTTÉS

1 PETITE BETTERAVE CUITE EN DÉS

2 C. À SOUPE DE BEURRE DE CACAHUÈTES

3 C. À SOUPE DE CACAHUÈTES SALÉES CONCASSÉES

LE JUS DE 1 CITRON

1 FILET D'HUILE D'OLIVE

1. Mixez les pois chiches avec la betterave, le beurre de cacahuètes, et un peu d'eau si nécessaire. Ajoutez du jus de citron et du sel selon votre goût et mélangez à nouveau quelques instants.
2. Placez le houmous dans un bol. Arrosez d'huile, parsemez de cacahuètes et poivrez.

Servez avec des triangles de pain grillés au toaster.

10 MIN

SANS CUISSON

4

RILLETTES DE MAQUEREAU AUX AGRUMES

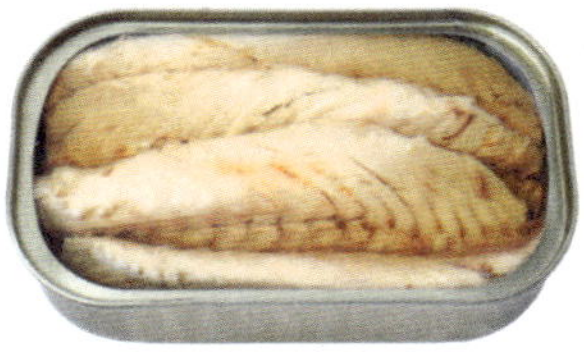

1 BOÎTE DE MAQUEREAUX (ENVIRON 170 G)

1 AVOCAT BIEN MÛR

LE ZESTE ET LE JUS DE 1 MANDARINE

1 OIGNON NOUVEAU HACHÉ

1/4 DE BOUQUET DE CORIANDRE CISELÉ

LE JUS D'1/2 CITRON

1. Émiettez les filets de maquereaux finement.
2. Dans un saladier, écrasez grossièrement l'avocat avec le jus de citron. Ajoutez le zeste et le jus de la mandarine, le poisson, l'oignon et la coriandre. Salez et poivrez selon votre goût.

Dégustez les rillettes tartinées sur des tranches de pain de campagne ou aux graines.

5 MIN

SANS CUISSON

4

DUO DE DIPS AU FROMAGE

50 G DE GORGONZOLA EN DÉS

200 G DE FROMAGE BLANC

1 C. À SOUPE DE MAYONNAISE

50 G DE MIMOLETTE RÂPÉE

1. Dans un bol, écrasez le gorgonzola avec la moitié du fromage blanc. Poivrez et mélangez.
2. Dans un autre bol, versez le reste de fromage blanc. Ajoutez la mayonnaise et la mimolette râpée. Poivrez et mélangez. Dégustez frais.

Vous pouvez accompagner ce duo de dips avec des légumes comme des tomates cerises, des radis, du chou-fleur ou des bâtonnets de carotte, concombre...

EXPRESS

15 MIN

15 MIN

4

1 H

PALMIERS
AU PESTO

1 PÂTE FEUILLETÉE

80 G DE PESTO ROUGE
OU VERT

1. Étalez la pâte et tartinez-la de pesto. Roulez une première moitié de pâte sur elle-même jusqu'au centre et procédez de même de l'autre côté. Réservez 1 h au frais pour la raffermir.
2. Préchauffez le four à 180 °C. Coupez la pâte en tranches de 1 cm, puis déposez-les sur une plaque recouverte de papier sulfurisé. Enfournez pour 12 à 15 min. Servez tiède ou froid.

25 MIN

30 MIN

6

BUNS AU BŒUF
ET AU CHEDDAR

500 G DE PÂTE À PAIN (CHEZ LE BOULANGER)

1 OIGNON ÉMINCÉ

200 G DE BŒUF HACHÉ

200 G DE CHEDDAR RÂPÉ

1 PINCÉE D'ÉPICES POUR CHILI

1 FILET D'HUILE D'OLIVE

1. Faites revenir les épices et l'oignon dans un filet d'huile, puis ajoutez la viande et faites-la revenir 5 min. Retirez le jus de cuisson, ajoutez le fromage et mélangez.
2. Détaillez votre pâte à pain en 12 boules. Étalez chaque boule de pâte, déposez un peu de farce en rabattant avec soin les bords vers le centre. Déposez les boules dans un plat de cuisson huilé sans trop les coller.
3. Laissez reposer 20 min dans un endroit tiède, puis enfournez 20 min à 250 °C.

PAIN HÉRISSON
JAMBON-FROMAGE

15 MIN

25 MIN

4

1 BOULE DE PAIN
DE CAMPAGNE

3 BOULES DE MOZZARELLA
EN FINES TRANCHES

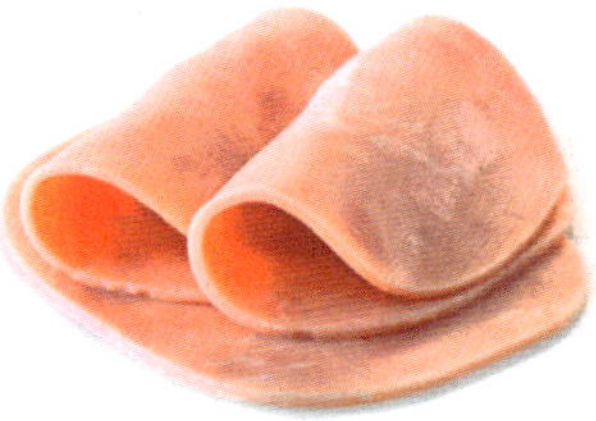

4 TRANCHES DE JAMBON CUIT
EN LAMELLES

10 PETITS CHAMPIGNONS
EN FINES TRANCHES

1 FILET D'HUILE D'OLIVE

1. Faites revenir les champignons dans l'huile d'olive. Coupez le pain en formant un quadrillage jusqu'à la base. Répartissez-y tous les ingrédients.
2. Poivrez, enveloppez le pain dans du papier aluminium et enfournez 15 min à 200 °C. Retirez le papier et laissez cuire 5 min supplémentaires. Dégustez sans attendre.

Amusez-vous à varier les types de pain : aux céréales, aux noix, aux figues…

25 MIN 30 MIN

4

BEIGNETS
DE CHOU-FLEUR

1/2 CHOU-FLEUR
EN PETITS BOUQUETS

2 ŒUFS

90 G DE FARINE

1 GOUSSE D'AIL PRESSÉE

1 C. À SOUPE PERSIL HACHÉ

... ET AUSSI UN PEU DE
LEVURE CHIMIQUE
(2 C. À CAFÉ)
HUILE DE FRITURE

1. Faites cuire le chou-fleur à l'eau bouillante salée 10 min.
2. Fouettez les œufs, incorporez la farine, puis la levure, l'ail et le persil, salez et poivrez. Réservez 30 min au frais.
3. Faites chauffer l'huile dans une grande marmite ou sauteuse. Trempez les bouquets dans la pâte, puis plongez-les dans le bain de friture. Quand ils sont bien dorés, égouttez-les sur du papier absorbant.

Vous pouvez servir ces beignets avec une sauce au yaourt ou du ketchup.

VÉGÉTARIEN

BILLES DE FROMAGE AU SÉSAME

15 MIN · SANS CUISSON · 4 · 30 MIN

200 G DE CHÈVRE FRAIS

50 G DE GRAINES DE SÉSAME

1. Dans une assiette, écrasez le fromage à la fourchette, salez très légèrement, poivrez, mélangez et placez 30 min au frais pour le raffermir.
2. Versez les graines de sésame dans une assiette creuse. Façonnez des billes de fromage et passez-les dans le sésame. Placez-les au frais jusqu'au moment de servir.

Vous pouvez remplacer les graines de sésame par des graines de pavot, des pistaches non salées concassées ou des raisins secs hachés.

VÉGÉTARIEN

20 MIN

SANS CUISSON

4

SUCETTES DE CONCOMBRE, FETA ET CITRON

1 CONCOMBRE

150 G DE FETA

LE ZESTE DE 1 CITRON

3 C. À SOUPE DE CRÈME LIQUIDE

1. Mélangez la feta avec le zeste de citron et la crème.
2. Lavez le concombre, coupez ses extrémités. Coupez-le en deux dans la longueur et épépinez-le à l'aide d'une cuillère à café.
3. Garnissez les « barquettes » ainsi obtenues du mélange feta-citron. Replacez les barquettes l'une sur l'autre, et coupez le concombre en tranches de 1,5 cm environ. Faites tenir les sucettes à l'aide d'un cure-dent.

VÉGÉTARIEN

10 MIN

SANS CUISSON

6

PETITS ROULÉS AU JAMBON ET AU FROMAGE

4 TORTILLAS DE BLÉ

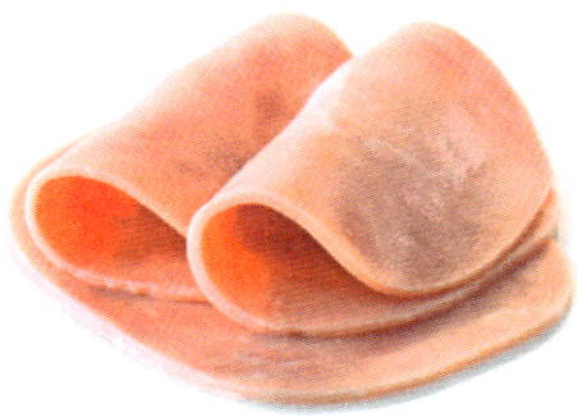

4 TRANCHES DE JAMBON CUIT

4 C. À SOUPE DE FROMAGE BLANC

1 C. À SOUPE DE CIBOULETTE CISELÉE

8 FEUILLES DE LAITUE

1. Faites chauffer les tortillas 25 s au micro-ondes.
2. Mélangez le fromage blanc avec la ciboulette et assaisonnez. Tartinez-en les tortillas, puis répartissez le jambon et la salade par-dessus.
3. Roulez les tortillas sur elles-mêmes et filmez-les. Réservez au réfrigérateur. Coupez-les en tronçons avant de servir.

EXPRESS

15 MIN 5 MIN

4 1 H

PETITS ROULÉS FAÇON HOT-DOGS

4 TRANCHES DE PAIN DE MIE SANS CROÛTE

4 SAUCISSES DE STRASBOURG CUITES

4 FINES TRANCHES DE COMTÉ

1 C. À SOUPE DE MOUTARDE FORTE

25 G DE BEURRE DEMI-SEL RAMOLLI

1. Applatissez les tranches de pain de mie au rouleau à pâtisserie. Tartinez-les de moutarde et déposez sur chacune une tranche de comté.
2. Déposez une saucisse sur le bord de chaque tranche, puis roulez l'ensemble bien serré. Filmez et placez 1 h au réfrigérateur.
3. Coupez chaque rouleau en trois. Faites cuire les petits roulés dans une poêle beurrée, en commençant par le côté soudé. Faites dorer toutes les faces, puis servez avec de la moutarde.

Si vous n'avez pas de rouleau à pâtisserie, utilisez une bouteille en verre préalablement nettoyée.

15 MIN | 5 MIN | 4 | 1 H

BROCHETTES
DE POULET LAQUÉ

2 BLANCS DE POULET COUPÉS EN CUBES

2 C. À SOUPE DE SAUCE SOJA

1 C. À SOUPE DE MIEL LIQUIDE

1 C. À SOUPE D'HUILE D'OLIVE

GRAINES DE SÉSAME

1. Dans un saladier, mélangez la sauce soja et le miel, puis ajoutez-y le poulet. Salez, poivrez, puis remuez. Couvrez d'un film alimentaire et laissez mariner 1 h au frais.
2. Faites chauffer l'huile d'olive dans une poêle et faites-y caraméliser les cubes de poulet pendant 5 min sur toutes les faces.
3. Piquez les morceaux de poulet sur des piques en bois, saupoudrez de graines de sésame et dégustez aussitôt.

TOUR DU MONDE

CHILAQUILES AU POULET

10 MIN

5 MIN

4

250 G DE POULET RÔTI FROID EFFILOCHÉ

200 G DE MOZZARELLA EN PETITS DÉS

1 PAQUET DE TORTILLAS CHIPS

400 G DE SAUCE TOMATE

QUELQUES FEUILLES DE CORIANDRE

1. Répartissez les chips, le poulet, la sauce tomate et la mozzarella sur la plaque du four recouverte de papier sulfurisé. Enfournez 5 min à 180 °C, jusqu'à ce que le fromage fonde.
2. Faites glisser les chilaquiles sur une grande assiette. Parsemez éventuellement de coriandre et dégustez aussitôt.

TOUR DU MONDE

10 MIN

8 MIN

4

PIZZA MOZZARELLA ET SAUGE

1 PÂTE À PIZZA

125 G DE MOZZARELLA EN TRANCHES

1 BOUQUET DE SAUGE

50 G DE PARMESAN RÂPÉ

50 G DE PIGNONS DE PIN

... ET AUSSI UN PEU DE
AIL PELÉ (1 GOUSSE)
CRÈME FRAÎCHE (4 C. À CAFÉ)
HUILE D'OLIVE

1. Mixez l'ail avec le parmesan, les pignons, quelques feuilles de sauge et un filet d'huile d'olive. Incorporez délicatement la crème fraîche, salez et poivrez.
2. Déroulez la pâte à pizza sur une plaque de four recouverte de papier sulfurisé. Recouvrez-la de la crème à la sauge et des tranches de mozzarella et parsemez de feuilles de sauge. Enfournez 5 à 8 minutes à 210 °C. Dégustez chaud.

10 MIN

25 MIN

4

TARTE FINE TOMATE, COMTÉ ET ORIGAN

1 PÂTE FEUILLETÉE

8 TOMATES EN RONDELLES

2 C. À SOUPE DE MOUTARDE DE DIJON

100 G DE COMTÉ EN LAMELLES

1 C. À SOUPE D'ORIGAN SÉCHÉ

2 C. À SOUPE D'HUILE D'OLIVE

1. Étalez la pâte feuilletée sur la plaque du four. Badigeonnez-la de moutarde.
2. Disposez les rondelles de tomate en rosace sur le fond de tarte. Disposez dessus le fromage. Saupoudrez d'origan et versez l'huile en filet sur toute la tarte.
3. Enfournez 25 min à 200 °C, jusqu'à ce que la pâte soit dorée uniformément.

Servez cette tarte avec un mesclun assaisonné d'une vinaigrette au citron. S'il y a des restes, faites réchauffer la tarte au four le lendemain (surtout pas au micro-ondes, elle deviendrait molle !).

20 MIN

20 MIN

6

TARTE COURONNE THON, TOMATE ET MOUTARDE

1 PÂTE FEUILLETÉE

100 G DE RICOTTA

1 PETITE BOÎTE DE THON

1 TOMATE EN RONDELLES

2 C. À SOUPE DE MOUTARDE

... ET AUSSI UN PEU DE
THYM (4 BRINS EFFEUILLÉS)
HUILE D'OLIVE (2 C. À SOUPE)

1. Salez légèrement la ricotta. Émiettez le thon.
2. Déroulez la pâte feuilletée. À l'aide d'un saladier retourné, marquez le centre de la pâte en l'enfonçant, sans la couper. Retirez-le puis faites 8 entailles dans le cercle, en partant du centre jusqu'au bord du cercle empreint, de façon à former 8 triangles.
3. Garnissez le pourtour de la pâte avec la moutarde, la ricotta, le thon, les rondelles de tomate et le thym, en laissant un bord de pâte de 1 cm tout autour. Arrosez d'huile d'olive, salez et poivrez.
4. Badigeonnez le centre de la pâte d'un peu d'eau, puis repliez les triangles vers l'extérieur en collant les pointes sur la pâte. Enfournez pour 20 min.

15 MIN

25 MIN

6

TARTE SOLEIL JAMBON ET MIMOLETTE

2 PÂTES FEUILLETÉES

100 G DE MIMOLETTE RÂPÉE

2 CHAMPIGNONS ÉMINCÉS

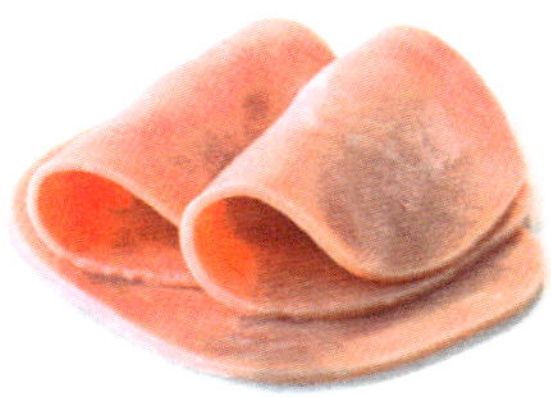

3 TRANCHES DE JAMBON CUIT

1. Déroulez les pâtes feuilletées. Garnissez la première de jambon, de mimolette et de champignons. Recouvrez avec la seconde pâte en pressant légèrement les bords.
2. Placez un verre à l'envers au centre de la pâte. Coupez la pâte et sa garniture du centre vers l'extérieur, d'abord en 4, puis en 8, puis en 16, puis en 32 afin d'obtenir des bandelettes.
3. Torsadez chacune des bandelettes, puis enfournez 25 min à 190 °C.

20 MIN
25 MIN
4

TARTELETTES CAPRESE

1 PÂTE FEUILLETÉE

150 G DE BILLES DE MOZZARELLA

4 TOMATES EN RONDELLES

40 G DE PIGNONS DE PIN

1 BOUQUET DE BASILIC EFFEUILLÉ

... ET AUSSI UN PEU DE
HUILE D'OLIVE (4 C. À SOUPE)
AIL (1 GOUSSE)

1. Mixez le basilic avec les pignons, l'ail, l'huile, du sel et du poivre pour faire un pesto.
2. Découpez 4 cercles dans la pâte feuilletée. Déposez-les sur une plaque recouverte de papier sulfurisé. Tartinez-les de pesto et disposez les rondelles de tomates en rosace. Enfournez 15 min à 200 °C.
3. Sortez les tartelettes du four et disposez dessus des billes de mozzarella. Enfournez pour 10 min supplémentaires. Servez tiède avec un peu de pesto frais et quelques feuilles de basilic.

25 MIN | 35 À 40 MIN | 4

PETITES QUICHES À LA COURGETTE ET AU KIRI®

1 PÂTE BRISÉE

1/2 COURGETTE COUPÉE EN SPAGHETTIS

60 G DE KIRI®

10 CL DE CRÈME LIQUIDE

2 ŒUFS

1. Faites cuire les spaghettis de courgette 3 min à l'eau bouillante salée. Égouttez-les et passez-les sous l'eau froide. Écrasez le Kiri® avec une fourchette, fouettez-le avec la crème, puis incorporez les œufs. Salez et poivrez.
2. Découpez 4 disques dans la pâte et déposez-les dans les moules à tartelettes. Posez un carré de papier sulfurisé sur la pâte et remplissez de légumes secs. Enfournez 10 min à 180 °C.
3. Débarassez les fonds de tarte et répartissez-y les spaghettis de courgette, puis versez la crème au fromage. Enfournez 20 à 25 min.

Pour faire des spaghettis de courgette, taillez-les en lanières à l'aide d'un Économe, puis retaillez finement chaque lanière dans la longueur.

10 MIN | 10 MIN | 4

QUESADILLAS AVOCAT
ET MOZZARELLA

4 TORTILLAS DE BLÉ

2 AVOCATS EN DÉS

200 G DE MOZZARELLA EN PETITS DÉS

LE JUS DE 1 CITRON VERT

1/2 BOTTE DE CORIANDRE EFFEUILLÉE

1 YAOURT À LA GRECQUE

1. Mélangez les avocats, le jus du citron, la coriandre et 1 pincée de sel.
2. Répartissez la mozzarella sur la moitié de chaque tortilla et pliez-les en deux. Faites-les chauffer doucement deux par deux dans une poêle sèche jusqu'à ce que le fromage soit fondu.
3. Répartissez les avocats et le reste de mozzarella dans les quesadillas, puis coupez-les en trois. Servez aussitôt avec le yaourt à la grecque salé et poivré.

10 MIN

4 MIN

4

BRICKS DE SARDINES
AUX OLIVES

8 FEUILLES DE BRICK

200 G DE FROMAGE FRAIS

2 BOÎTES DE SARDINES
À L'HUILE ÉGOUTTÉES

10 OLIVES NOIRES
DÉNOYAUTÉES EN MORCEAUX

3 C. À CAFÉ D'HUILE D'OLIVE

1. À l'aide d'une fourchette, écrasez les sardines avec le fromage frais. Ajoutez les olives au mélange. Salez et poivrez. Placez un peu de préparation au centre de chaque feuille de brick et repliez les feuilles en carrés de 5 cm de côté.
2. Faites chauffer l'huile d'olive dans une grande poêle chaude, puis faites-y dorer les bricks 1 min de chaque côté. Dégustez chaud.

Servez les bricks avec une salade de roquette. Si vous disposez d'herbes fraîches (persil, ciboulette, coriandre), ajoutez-en quelques brins ciselés dans la farce.

EXPRESS

5 MIN
SANS CUISSON
1

MOJITO SPRITZ

1/2 CITRON VERT EN DÉS

1 C. À SOUPE DE CASSONADE

8 FEUILLES DE MENTHE

6 CL DE COINTREAU®

12 CL DE VIN BLANC PÉTILLANT TYPE PROSECCO

... ET AUSSI UN PEU DE SODA, TYPE PERRIER® (3 CL) ANGOSTURA BITTER® (1 GOUTTE)

1. Dans un verre, pilez le citron vert, la cassonade et les feuilles de menthe Remplissez le verre de glace puis versez le Cointreau® et le vin pétillant.
2. Ajoutez le soda, l'Angostura bitter® et mélangez. Décorez avec un brin de menthe.

EXPRESS

5 MIN

SANS CUISSON

1

STROMBOLI

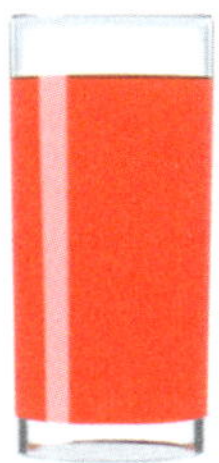

1 CL DE SIROP DE GRENADINE

3 CL DE GRAPPA

5 CL DE VIN BLANC ITALIEN

1. Versez le sirop de grenadine dans un shaker rempli de glace. Ajoutez la grappa et le vin blanc.
2. Frappez quelques secondes, puis filtrez à l'aide d'une passoire dans un verre.

EXPRESS

10 MIN

35 MIN

2

SOUPE DE POTIMARRON
ET LARD GRILLÉ

1/2 POTIMARRON PELÉ ET EN GROS DÉS

4 FINES TRANCHES DE LARD

1/2 OIGNON ÉMINCÉ

1 C. À SOUPE D'HUILE D'OLIVE

1/2 CUBE DE BOUILLON DE VOLAILLE

5 CL DE CRÈME LIQUIDE

1. Faites diluer le cube dans 750 ml d'eau bouillante.
2. Faites revenir l'oignon avec l'huile et 1 pincée de sel dans une cocotte ou une grande casserole. Ajoutez le potimarron, et poursuivez la cuisson 5 min. Versez le bouillon dans la cocotte, couvrez et portez à ébullition, puis faites cuire 25 min à feu doux.
3. Égouttez le potimarron et conservez le bouillon. Mixez-le avec la crème et ajoutez le bouillon petit à petit, jusqu'à obtenir une consistance onctueuse. Salez, poivrez.
4. Poêlez le lard à feu vif jusqu'à ce qu'il soit bien doré. Servez la soupe chaude avec des tranches de lard posées dessus.

5 MIN

25 MIN

2

VELOUTÉ DE COURGETTES, MENTHE ET FETA

2 COURGETTES EN TRONÇONS

1 POMME DE TERRE COUPÉE EN DEUX

70 G DE FETA

12 FEUILLES DE MENTHE

3 C. À SOUPE D'HUILE D'OLIVE

1. Faites revenir les légumes avec l'huile dans une cocotte ou une grande casserole.
2. Recouvrez d'environ 1 l d'eau et ajoutez la moitié de la feta et des feuilles de menthe. Salez et poivrez. Couvrez et portez à ébullition, puis laissez cuire environ 20 min à feu doux.
3. Mixez, parsemez du reste de feta émiettée et de menthe ciselée, et servez aussitôt.

Remplacez la feta par une bûche de chèvre et ajoutez quelques olives noires coupées en dés.

LIGHT

10 MIN

SANS CUISSON

2

SALADE CÉSAR

1 PETITE SALADE ROMAINE

1 ŒUF

LE JUS D'1/2 CITRON

1 PETITE POIGNÉE
DE CROÛTONS

25 G DE PARMESAN
EN COPEAUX

... ET AUSSI UN PEU DE
HUILE D'OLIVE (3 C. À SOUPE)
ANCHOIS (2 FILETS)
AIL HACHÉ (1/2 GOUSSE)

1. Défaites la romaine en supprimant les grandes feuilles foncées. Lavez-la et essorez-la.
2. Mixez l'œuf entier avec l'huile, le jus du citron, les anchois et l'ail.
3. Déposez la salade sur des assiettes, ajoutez la sauce, les croûtons et le parmesan, poivrez.

Vous pouvez ajouter du bacon ou du poulet grillé.

EXPRESS

LIGHT

15 MIN · SANS CUISSON

2 · 3 H

TABOULÉ TRÈS VERT

1 C. À SOUPE DE BOULGOUR MOYEN

1 BOUQUET DE PERSIL

1/2 BOUQUET DE MENTHE

1 TOMATE EN DÉS

1/2 CŒUR DE ROMAINE

… ET AUSSI UN PEU DE CITRON (1/2)
HUILE D'OLIVE

1. Faites tremper le boulgour dans un bol d'eau froide. Effeuillez et rincez les herbes. Hachez-les au couteau et mettez-les dans un saladier.
2. Ajoutez la tomate avec son jus et le boulgour bien égoutté. Salez et ajoutez du jus de citron et de l'huile selon votre goût. Mettez pour au moins 3 h au frais et servez sur les feuilles de salade.

Faute de romaine, prenez de la sucrine.

VEGAN

10 MIN

SANS CUISSON

2

SALADE DE POIRE, ROQUETTE, ET GORGONZOLA

2 GROSSES POIGNÉES DE ROQUETTE

75 G DE GORGONZOLA

1 POIRE EN LAMELLES

10 G DE PIGNONS DE PINS

1 C. À SOUPE DE VINAIGRE BALSAMIQUE

1 C. À SOUPE D'HUILE D'OLIVE

1. Mélangez le vinaigre balsamique et l'huile d'olive. Salez et poivrez.
2. Lavez et séchez la roquette, puis mettez-la dans un saladier. Émiettez le gorgonzola dessus. Disposez la poire sur la salade. Ajoutez la vinaigrette et mélangez bien.
3. Faites griller les pignons de pin à sec dans une poêle et parsemez-en la salade.

Remplacez les pignons de pin par un mélange de noix et d'amandes.

EXPRESS

SALADE DE POMMES DE TERRE AUX ŒUFS

15 MIN · 20 MIN · 2

400 G DE POMMES DE TERRE ROUGES

3 ŒUFS

3 C. À SOUPE DE YAOURT À LA GRECQUE

3 C. À SOUPE DE MAYONNAISE

1 OIGNON ROUGE ÉMINCÉ

… ET AUSSI UN PEU DE PERSIL HACHÉ (1/2 BOUQUET) VINAIGRE DE CIDRE (2 C. À SOUPE)

1. Déposez les pommes de terre et les œufs dans une casserole. Couvrez d'eau froide, salez et portez à ébullition. Comptez 7 min puis retirez les œufs avec une cuillère et mettez-les dans un saladier d'eau froide.
2. Continuez la cuisson des pommes de terre de 13 min environ, jusqu'à ce que la pointe d'un couteau y pénètre facilement.
3. Coupez les pommes de terre égouttées en dés et mettez-les dans un saladier avec le yaourt, le vinaigre, l'oignon, le persil et la mayonnaise.
4. Écalez les œufs et hachez-les très grossièrement. Ajoutez-les au saladier. Salez et poivrez puis mélangez délicatement.

Vous pouvez ajouter des oignons frits ou des olives.

20 MIN SANS CUISSON

4

CREVETTES COCKTAIL

16 CREVETTES CUITES DÉCORTIQUÉES

1 AVOCAT EN DÉS

1/2 CŒUR DE LAITUE

1/2 CITRON VERT

3 C. À SOUPE DE MAYONNAISE

... ET AUSSI UN PEU DE
KETCHUP (1 C. À SOUPE)
SAUCE WORCESTERSHIRE
(1 C. À CAFÉ)
PIMENT DE CAYENNE

1. Mélangez la mayonnaise, la sauce Worcestershire, et le ketchup puis relevez de piment selon votre goût.
2. Dans chaque coupe en verre, déposez de la laitue en feuilles ou en chiffonnade, de l'avocat, des crevettes et un quartier de citron. Servez avec la sauce sur le dessus ou à côté dans un ramequin.

Pour une touche rétro, le verre à Martini® s'impose.

15 MIN

4 MIN

4

TOASTS D'ŒUFS POCHÉS
À L'EMMENTAL

4 ŒUFS

60 G D'EMMENTAL RÂPÉ

4 C. À SOUPE DE CRÈME LIQUIDE

4 TRANCHES DE PAIN DE MIE

1 POIGNÉE DE MESCLUN

... ET AUSSI UN PEU DE VINAIGRETTE (2 C. À SOUPE) VINAIGRE D'ALCOOL BLANC (10 CL)

1. Remplissez une sauteuse d'eau, ajoutez le vinaigre et 1 c. à café de sel, puis portez à ébullition.
2. Cassez chaque œuf tour à tour dans une tasse, puis versez-les doucement à la surface de l'eau. Repliez délicatement le blanc sur le jaune à l'aide d'une spatule. Laissez frémir 3 min environ, jusqu'à ce que le jaune soit à peine voilé.
3. Mettez l'emmental à fondre doucement avec la crème dans une casserole en mélangeant au fouet. Placez les œufs égouttés sur des tranches de pain toastées, poivrez, nappez de crème au fromage et servez avec du mesclun assaisonné.

Choisissez les œufs les plus frais possible (ils ne s'étaleront pas dans l'eau).

5 MIN

5 MIN

2

AVOCADO GRILLED CHEESE

1 PETIT AVOCAT EN LAMELLES

4 TRANCHES DE PAIN DE MIE

2 TRANCHES DE CHEDDAR

2 TRANCHES DE MOZZARELLA

1 PETITE POIGNÉE DE FEUILLES D'ÉPINARD

15 G DE BEURRE + 1 NOIX POUR LA POÊLE

1. Sur une tranche de pain de mie beurrée, déposez 1 tranche de mozzarella, quelques feuilles d'épinards, 1 tranche de cheddar et quelques lamelles d'avocat, puis refermez avec une deuxième tranche de pain beurré. Renouvelez l'opération pour l'autre sandwich.
2. Faites fondre la noix de beurre dans une poêle, puis faites-y griller les sandwichs jusqu'à ce que le fromage ait fondu.

EXPRESS

CROQUE NORMAND

10 MIN

8 MIN

4

4 TRANCHES DE PAIN DE MIE

4 RONDELLES DE POMME

4 TRANCHES DE CAMEMBERT

20 G DE BEURRE

1. Dans une poêle antiadhésive, faites blondir les rondelles de pomme quelques minutes.
2. Étalez le beurre sur les tranches de pain, puis répartissez-y les rondelles de pomme et le camembert. Refermez les croques avec le pain restant.
3. Déposez-les dans la poêle et faites-les griller quelques minutes de chaque côté.

15 MIN

20 MIN

2

CROQUE DES BOIS

4 TRANCHES DE PAIN DE CAMPAGNE

400 G DE CHAMPIGNONS

4 BRINS D'ESTRAGON CISELÉS

10 CHÂTAIGNES CUITES CONCASSÉES

100 G DE FROMAGE À RACLETTE SANS LA CROÛTE

... ET AUSSI UN PEU DE
HUILE D'OLIVE (2 C. À SOUPE)
BEURRE (20 G)
PERSIL HACHÉ (2 BRINS)

1. Coupez la partie terreuse du pied des champignons. Rincez-les sous l'eau froide. Coupez les plus gros en morceaux.
2. Faites revenir les champignons dans un peu d'huile. Une fois l'eau rendue évaporée, incorporez le beurre. Lorsqu'ils sont bien dorés, assaisonnez-les, puis ajoutez les châtaignes, l'estragon et le persil.
3. Répartissez les champignons sur 2 tranches de pain. Posez le fromage sur les autres tranches, passez-les sous le gril jusqu'à ce que le fromage soit fondu. Posez-les sur les tartines aux champignons, pressez légèrement et servez aussitôt.

10 MIN

3 MIN

2

BAGELS AU SAUMON
ET FROMAGE FRAIS

2 BAGELS

80 G DE SAUMON FUMÉ EN LANIÈRES

100 G DE FROMAGE FRAIS

1 PETITE POIGNÉE DE ROQUETTE

1. Toastez légèrement les bagels. Fendez-les en deux dans le sens de l'épaisseur. Tartinez les bases de fromage frais.
2. Répartissez les tranches de saumon sur le fromage. Ajoutez la roquette rincée et essorée, poivrez et refermez les bagels. Servez aussitôt.

Vous pouvez remplacer le fromage frais par de la brousse et la roquette par quelques brins d'aneth.

EXPRESS

15 MIN

30 MIN

4

QUICHE LORRAINE

1 PÂTE BRISÉE

4 ŒUFS

15 CL DE CRÈME FRAÎCHE

100 G DE LARDONS FUMÉS

100 G D'EMMENTAL RÂPÉ

1/4 DE C. À CAFÉ DE NOIX DE MUSCADE

1. Dans un saladier, battez les œufs avec la crème. Ajoutez la muscade, salez et poivrez.
2. Dans une poêle, faites rissoler les lardons jusqu'à ce qu'ils soient dorés et égouttez-les sur du papier absorbant.
3. Garnissez un moule à tarte avec la pâte et piquez le fond avec une fourchette. Disposez les lardons sur le fond, parsemez de fromage râpé, puis versez le mélange œuf-crème. Enfournez 30 min à 180 °C. Servez tiède avec une salade verte.

GRAND CLASSIQUE

10 MIN

35 MIN

4

TARTE AU BROCOLI
ET AU CHÈVRE

1 PÂTE FEUILLETÉE

1 GROS BROCOLI

100 G DE CHÈVRE FRAIS

1 ŒUF

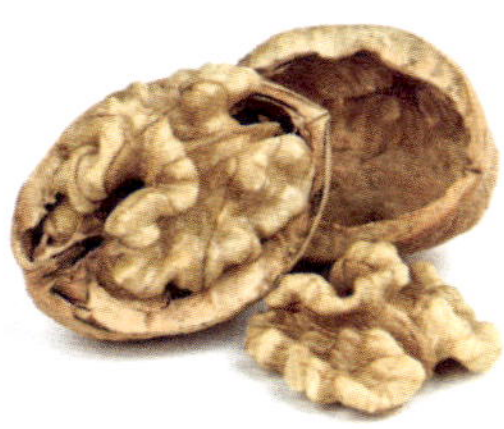

10 CERNEAUX DE NOIX

1. Séparez les bouquets de brocoli et faites-les cuire à la vapeur pendant 10 à 12 min.
2. Écrasez-les avec 80 g de fromage de chèvre, jusqu'à obtenir une crème. Ajoutez l'œuf et les cerneaux de noix. Salez et poivrez.
3. Garnissez un moule à tarte avec la pâte. Versez la préparation au brocoli et parsemez du reste de fromage. Enfournez pour 25 min à 180 °C. Servez chaud.

Vous pouvez ajouter du miel sur le fromage de chèvre.

15 MIN

15 MIN

2

FRITTATA
AUX PETITS POIS

2 ŒUFS

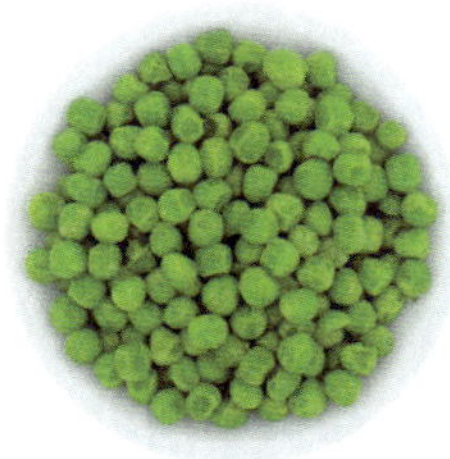

200 G DE PETITS POIS SURGELÉS

1/2 OIGNON ROUGE ÉMINCÉ

1/2 BOTTE D'ESTRAGON HACHÉE

1. Faites cuire les petits pois à l'eau salée pendant 5 min. Égouttez.
2. Battez les œufs en omelette, puis ajoutez les petits pois, l'oignon, l'estragon, du sel et du poivre.
3. Faites chauffer l'huile dans une poêle antiadhésive, puis versez-y la préparation aux œufs. Faites cuire 5 min à feu moyen, puis retournez la frittata et poursuivez la cuisson pendant 5 min. Servez bien chaud.

Pour retourner facilement la frittata, utilisez une assiette. Servez avec de la roquette et un peu d'oignon rouge cru émincé finement.

15 MIN

35 MIN

2

TORTILLA AU POIVRON
ET AUX OLIVES

3 PETITES POMMES DE TERRE EN FINES TRANCHES

1 POIVRON ROUGE ÉMINCÉ

2 OIGNONS NOUVEAUX ÉMINCÉS

40 G D'OLIVES NOIRES DÉNOYAUTÉES

6 ŒUFS

... ET AUSSI UN PEU DE
THYM CITRON EFFEUILLÉ (1/3 DE BOTTE)
PIMENT FRAIS ÉMINCÉ (1/4)
AIL HACHÉ (1/2 GOUSSE)
HUILE (1 FILET)

1. Faites cuire les pommes de terre dans une poêle antiadhésive avec un filet d'huile d'olive pendant 5 min.
2. Ajoutez le poivron, l'ail, les oignons, le piment, le thym citron et les olives. Faites cuire 20 min.
3. Battez et salez les œufs. Versez-les dans la poêle et faites cuire à feu doux. Une fois les œufs pratiquement cuits, retournez la tortilla à l'aide d'une autre poêle. Faites cuire 2 min de plus et servez chaud ou froid.

TOUR DU MONDE

CHAKCHOUKA
AUX ŒUFS

15 MIN · 35 MIN · 2

2 TOMATES EN DÉS

2 POIVRONS EN LANIÈRES

3 ŒUFS

1 OIGNON HACHÉ

3 C. À SOUPE D'HUILE D'OLIVE

... ET AUSSI UN PEU DE
CUMIN (1 PINCÉE)
PAPRIKA (1 C. À CAFÉ)
CORIANDRE CISELÉE

1. Dans une poêle, faites dorer 5 min l'oignon et les poivrons avec l'huile, puis ajoutez les tomates. Salez, poivrez et laissez mijoter 25 min.
2. Avec le dos d'une cuillère, formez des creux dans les légumes et cassez 1 œuf dans chacun d'eux. Assaisonnez de cumin, de paprika, et faites cuire doucement 5 min à couvert, le temps que le blanc prenne.
3. Parsemez de coriandre et servez aussitôt.

TOUR DU MONDE

10 MIN

15 MIN

2

POÊLÉE DE GNOCCHIS À LA CANTONAISE

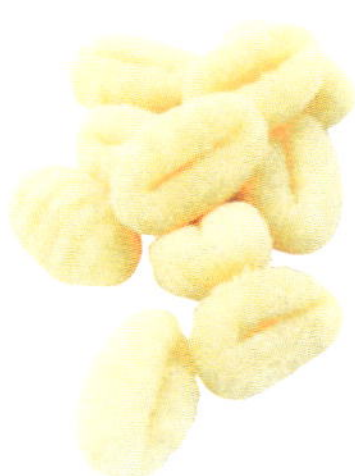

300 G DE GNOCCHIS À POÊLER

75 G DE DÉS DE JAMBON

75 G DE PETITS POIS PRÉCUITS

10 G DE BEURRE

1 C. À SOUPE DE PERSIL CISELÉ

1. Dans une sauteuse, faites fondre le beurre, ajoutez les gnocchis et laissez-les dorer 10 min au maximum en les retournant régulièrement. Salez et poivrez.
2. Ajoutez le jambon, les petits pois et le persil. Laissez mijoter quelques minutes.

Préférez les petits pois surgelés à ceux en conserve. Plus fermes, ils se tiennent mieux à la cuisson.

15 MIN

8 MIN

2

SAUTÉ DE BŒUF
ET TAGLIATELLES

250 G DE BAVETTE DE BŒUF EN LANIÈRES

1 GROS OIGNON ROUGE ÉMINCÉ

1 C. À CAFÉ DE PAPRIKA

1 YAOURT À LA GRECQUE

200 G DE PÂTES FRAÎCHES

... ET AUSSI UN PEU DE HUILE DE TOURNESOL (3 C. À SOUPE) MOUTARDE (1 C. À SOUPE)

1. Faites sauter dans une poêle l'huile et l'oignon 3 min à feu vif. Ajoutez le bœuf et le paprika. Salez et faites sauter 2 min à feu très vif (la viande doit rester saignante). Ajoutez le yaourt et la moutarde, mélangez, et baissez le feu au minimum.
2. Faites cuire les tagliatelles dans de l'eau bouillante salée 2 à 3 min. Égouttez-les, mélangez-les au contenu de la poêle et servez aussitôt.

10 MIN

20 MIN

2

RIGATONNI
FAÇON NORMA

125 G DE RIGATONNI

1 AUBERGINE EN PETITS DÉS

2 TOMATES EN PETITS DÉS

1 OIGNON EN LAMELLES

25 G DE PARMESAN RÂPÉ

... ET AUSSI UN PEU DE
HUILE D'OLIVE (1 C. À SOUPE)
BOUILLON DE CUBE (1/2)
QUELQUES DÉS
DE MOZZARELLA

1. Faites dorer l'oignon et l'aubergine 5 min dans une marmite avec l'huile. Ajoutez les tomates, les rigatonni, le parmesan, le cube de bouillon et 70 cl d'eau froide.
2. Couvrez et portez à ébullition. Faites cuire 15 min en remuant 2 ou 3 fois. Laissez reposer 2 min.
3. Parsemez de parmesan et de mozzarella, servez.

20 MIN

25 MIN

2

CARBONARA DE CAROTTES ET LINGUINE

2 CAROTTES ÉPLUCHÉES EN SPAGHETTIS

100 G DE LINGUINE

25 G DE PARMESAN RÂPÉ

5 CL DE CRÈME LIQUIDE

75 G DE LARDONS

... ET AUSSI UN PEU DE HUILE D'OLIVE (1 FILET) JAUNES D'ŒUFS (2)

1. Faites cuire les linguine *al dente* en suivant les instructions du paquet.
2. Fouettez les jaunes d'œufs avec le parmesan et la crème. Salez et poivrez. Faites dorer les lardons dans une poêle, puis égouttez-les sur du papier absorbant. Ajoutez l'huile dans la poêle et faites-y cuire les spaghettis de carotte 10 min à feu moyen, en remuant sans cesse.
3. Ajoutez les linguine égouttées ainsi que les lardons et la crème au fromage. Faites cuire 2 min à feu doux sans cesser de mélanger. Servez chaud.

Réalisez les spaghettis de carotte avec l'aide d'un couteau Économe.

5 MIN

15 MIN

2

ONE POT PASTA
AU THON

150 G DE TAGLIATELLE

75 G DE THON AU NATUREL ÉMIETTÉ

1/2 OIGNON ÉMINCÉ

75 G DE PULPE DE TOMATE

1 C. À SOUPE DE BASILIC CISELÉ

1. Dans une grande casserole, ajoutez le thon, l'oignon, les pâtes et la pulpe de tomates.
2. Versez 40 cl d'eau, mélangez et portez à ébullition. Faites cuire 15 min à feu doux.
3. Assaisonnez et parsemez de basilic avant de servir.

15 MIN

15 MIN

2

PORC SAUTÉ
AIGRE-DOUX

1 POIVRON EN MORCEAUX

1/2 FENOUIL ÉMINCÉ

1/4 D'ANANAS EN MORCEAUX

125 G DE PORC EN MORCEAUX

2 BRANCHES DE CIVES ÉMINCÉES

... ET AUSSI UN PEU DE
HUILE D'OLIVE
FÉCULE DE MAÏS (1 C. À SOUPE)
GINGEMBRE RÂPÉ (2 C. À SOUPE)

1. Faites caraméliser le poivron, le fenouil et l'ananas 10 min dans une poêle avec un filet d'huile d'olive.
2. Diluer la fécule dans un verre d'eau et ajoutez-la dans la poêle avec le porc, le gingembre et les cives, tout en remuant bien. Prolongez la cuisson de 5 min.

Accompagnez de riz blanc.

12 MIN

40 MIN

2

PETIT SALÉ
AUX LENTILLES

400 G DE POITRINE DE PORC EN DÉS

3 ÉCHALOTES PELÉES ET COUPÉES EN DEUX

1 C. À CAFÉ RASE D'HERBES DE PROVENCE

150 G DE LENTILLES VERTES

1 GROSSE CAROTTE EN RONDELLES

2 C. À SOUPE D'HUILE DE TOURNESOL

1. Faites dorer le porc 10 min à feu vif dans l'huile avec les échalotes et les herbes. Salez et poivrez.
2. Ajoutez les lentilles, la carotte et 45 cl d'eau. Mélangez bien, salez, et couvrez.
3. Laissez mijoter environ 30 min jusqu'à ce que les lentilles soient tendres, en remuant de temps en temps. Ajoutez un peu d'eau si nécessaire).

Vous pouvez remplacer les lentilles vertes par des lentilles corail.

GRAND CLASSIQUE

POLPETTE À LA TOMATE

15 MIN

20 MIN

2

150 G DE BŒUF HACHÉ

150 G DE PORC HACHÉ

1 PETIT POT DE SAUCE TOMATE

1 TRANCHE DE PAIN DE MIE SANS CROÛTE

2 ŒUFS

... ET AUSSI UN PEU DE
ÉCHALOTE HACHÉE (1)
AIL (1 GOUSSE)
ORIGAN SÉCHÉ (1 C. À CAFÉ)
HUILE D'OLIVE (2 C. À SOUPE)

1. Mettez le pain à tremper 2 min dans un peu d'eau tiède, puis essorez-le en le pressant entre vos mains.
2. Dans un saladier, mélangez les viandes avec les œufs, l'échalote, l'origan, l'ail et le pain essoré émietté, salez et poivrez.
3. Façonnez des boulettes et faites-les revenir 5 min dans une sauteuse avec l'huile, jusqu'à ce qu'elles soient bien dorées. Ajoutez la sauce tomate, couvrez et laissez mijoter 15 min à feu doux.

Servez avec des spaghettis. Encore plus gourmand, sapoudrez de parmesan râpé au moment de servir.

BURGERS MAISON

15 MIN

8 MIN

2

2 PAINS À BURGER

2 STEAKS HACHÉS

1 PETITE POIGNÉE DE ROQUETTE

1/2 TOMATE EN RONDELLES

2 C. À SOUPE DE PESTO

1. Faites griller les steaks 3 ou 4 min sur chaque face. Salez et poivrez.
2. Fendez les pains à burger en deux dans le sens de l'épaisseur. Tartinez les bases d'un peu de pesto, puis répartissez la roquette et la tomate.
3. Ajoutez la viande, refermez les burgers et servez aussitôt.

Servez avec une salade de jeunes pousses et des frites.

20 MIN

45 MIN

2

CHILI
CON CARNE

1 POIVRON ÉMINCÉ

1 OIGNON ÉMINCÉ

150 G DE BŒUF HACHÉ

4 TOMATES EN MORCEAUX

1 BOÎTE D'HARICOTS ROUGES
ÉGOUTTÉE (250 G)

... ET AUSSI UN PEU DE
AIL HACHÉ (1 GOUSSE)
PAPRIKA (1 C. À SOUPE)
GRAINES DE CUMIN
(1 C. À SOUPE)
HUILE D'OLIVE (1 FILET)

1. Faites revenir le poivron et l'oignon et dans la poêle avec un filet d'huile d'olive pendant 10 min.
2. Ajoutez le reste des ingrédients dans la poêle et laissez mijoter 35 min en remuant de temps en temps.

Servez avec des tortillas de blé ou de maïs.

TOUR DU MONDE

CORDON-BLEU BRESAOLA ET COURGETTE

15 MIN — 10 MIN — 2

2 ESCALOPES DE DINDE

2 TRANCHES DE BRESAOLA

1/2 COURGETTE EN FINES RONDELLES

1 ŒUF

4 BISCOTTES

1 C. À SOUPE D'HUILE D'OLIVE

1. Répartissez sur chaque escalope 1 tranche de bresaola et des rondelles de courgette. Assaisonnez et pliez-les en deux en appuyant bien. Maintenez avec une pique en bois.
2. Roulez les escalopes dans l'œuf battu puis dans les biscottes écrasées.
3. Dans une poêle, faites dorer les escalopes 10 min environ de chaque côté dans l'huile.

POULET GRILLÉ AU CURRY

10 MIN

20 MIN

2

2 BLANCS DE POULET

4 C. À SOUPE DE CRÈME FRAÎCHE

1/2 CITRON VERT

2 BRINS DE CIVE ÉMINCÉS

1 C. À SOUPE DE CURRY

… ET AUSSI UN PEU DE CORIANDRE (1/3 DE BOTTE CISELÉE)
BEURRE

1. Faites dorer les blancs de poulet à la poêle dans une noisette de beurre avec le curry 5 min sur chaque face. Salez, poivrez.
2. Ajoutez la crème, le jus et le zeste de citron. Prolongez la cuisson de 10 min.
3. Parsemez au dernier moment de cive et de coriandre. Servez avec du riz.

10 MIN

25 MIN

2

POÊLÉE DE POULET ET DE LÉGUMES

2 BLANCS DE POULET EN MORCEAUX

2 COURGETTES EN MORCEAUX

1/2 C. À CAFÉ DE PAPRIKA

3 TOMATES EN GRAPPE COUPÉES EN DEUX

1/2 BOUQUET DE ROMARIN

1 C. À SOUPE D'HUILE D'OLIVE

1. Saupoudrez le poulet de paprika. Faites-le cuire à la poêle 10 min dans 1 c. à soupe d'huile.
2. Dans une sauteuse, faites revenir les courgettes 10 min environ dans le reste d'huile en remuant.
3. Ajoutez le poulet, les tomates et le romarin. Assaisonnez, couvrez et poursuivez la cuisson 5 min à feu doux.

10 MIN

15 MIN

2

AIGUILLETTES DE POULET
AUX HARICOTS

250 G D'AIGUILLETTES DE POULET

250 G D'HARICOTS VERTS

20 G D'AMANDES EFFILÉES

1 C. À SOUPE D'HUILE D'OLIVE

1. Faites cuire les haricots verts 15 min à la vapeur.
2. Pendant ce temps, faites chauffer l'huile dans une poêle et faites-y cuire les aiguillettes 8 à 10 min en remuant souvent. Ajoutez les haricots verts, salez, poivrez et mélangez.
3. Faites griller légèrement les amandes à sec dans une poêle antiadhésive chaude et parsemez-en la poêlée juste avant de servir.

LIGHT

15 MIN

25 MIN

2

WOK DE POULET
AU SOJA

2 BLANCS DE POULET
EN MORCEAUX

250 G DE POUSSES DE SOJA
LAVÉES ET ÉGOUTTÉES

1/2 BOUQUET DE CORIANDRE
CISELÉ

1 PETIT MORCEAU
DE GINGEMBRE RÂPÉ

1 OIGNON ÉMINCÉ

... ET AUSSI UN PEU DE
SAUCE SOJA (1 C. À SOUPE)
HUILE D'OLIVE

1. Faites dorer le poulet 5 min dans un wok ou une grande poêle légèrement huilés. Ajoutez le gingembre et l'oignon, mélangez et poursuivez la cuisson 10 min.
2. Ajoutez les pousses de soja, continuez la cuisson 10 min en remuant. Arrosez de sauce soja, parsemez de coriandre, mélangez et servez.

TOUR
DU MONDE

12 MIN — 20 MIN — 2

PAPILLOTES DE COLIN ET LÉGUMES À LA MOUTARDE

2 FILETS DE COLIN FRAIS OU DÉCONGELÉ

1 PETITE COURGETTE

1 CAROTTE

3 C. À SOUPE D'HUILE D'OLIVE

2 C. À SOUPE DE MOUTARDE À L'ANCIENNE

1 C. À CAFÉ D'HERBES DE PROVENCE

1. Réalisez des rubans de courgette et de carotte, à l'aide d'un couteau Économe. Salez, ajoutez 1 c. à soupe d'huile, mélangez et déposez les rubans au centre de 2 feuilles de papier sulfurisé.
2. Dans un bol, mélangez 2 c. à soupe d'huile, la moutarde et les herbes. Salez et poivrez les filets épongés, déposez-les sur les légumes, tartinez de sauce.
3. Refermez les papillotes et enfournez 20 min à 180 °C.

Si vous n'avez pas de four, un panier en bambou (acheté dans un magasin de produits asiatiques) posé sur une casserole fait très bien l'affaire.

20 MIN

15 MIN

2

POKE BOWL
AU THON, AVOCAT ET CONCOMBRE

200 G DE RIZ À SUSHI RINCÉ

200 G DE THON CRU EXTRA-FRAIS EN DÉS DE 1 CM

1 AVOCAT EN TRANCHES

1/2 PETIT CONCOMBRE ÉGRAINÉ ET EN BÂTONNETS

1 PETIT MORCEAU DE GINGEMBRE PELÉ ET RÂPÉ

... ET AUSSI UN PEU DE NOIX DE CAJOU SALÉES CONCASSÉES (2 C. À SOUPE)
VINAIGRE DE RIZ (3 C. À SOUPE)
SAUCE SOJA SUCRÉE (3 C. À SOUPE)

1. Mélangez le thon avec le gingembre et la sauce soja. Réservez au frais.
2. Versez le riz dans une casserole à fond épais avec 30 cl d'eau et portez à ébullition. Baissez le feu, couvrez la casserole hermétiquement et laissez cuire 15 min. Laissez le riz reposer 10 min hors du feu, sans retirer le couvercle.
3. Incorporez délicatement le vinaigre au riz chaud avec une spatule. Mettez le riz dans 2 bols, puis ajoutez le thon mariné, l'avocat et le concombre. Parsemez de noix de cajou et servez aussitôt.

Cette base peut être déclinée avec du saumon, d'autres légumes (carottes, chou, radis...) et même des fruits (ananas, mangue...)

15 MIN

15 MIN

2

CURRY DE CREVETTES AU COCO

350 G CREVETTES CRUES DÉCORTIQUÉES

25 CL DE BOISSON DE COCO

6 CHAMPIGNONS EN LAMELLES

1 COURGETTE EN RUBANS

2 C. À CAFÉ DE PÂTE DE CURRY THAÏ

... ET AUSSI UN PEU DE
TOMATES CERISE
(10, COUPÉES EN DEUX)
CASSONADE (1 C. À CAFÉ)
NUOC-MÂM
(2 À 3 C. À SOUPE)
CORIANDRE
(QUELQUES BRINS)

1. Portez la boisson de coco à petite ébullition avec le curry dans une grande casserole. Ajoutez la cassonade, les champignons et les tomates, puis faites cuire 3 min à feu moyen.
2. Ajoutez les crevettes, la courgette et le nuoc-mâm, mélangez, couvrez et faites cuire 5 min à tout petit feu.
3. Parsemez de coriandre et servez aussitôt avec du riz basmati.

Le nuoc-mâm remplace le sel.

SANS LACTOSE

15 MIN

25 MIN

2

CALAMARS MÉDITERRANÉENS

400 G DE CALAMARS EN ANNEAUX

200 G DE TOMATES CONCASSÉES

6 OLIVES NOIRES EN RONDELLES

1/2 GOUSSE D'AIL HACHÉE

1/4 DE BOTTE DE BASILIC HACHÉE

... ET AUSSI UN PEU DE HUILE D'OLIVE (1 FILET)

1. Faites revenir le calamar dans l'huile dans une poêle antiadhésive.
2. Ajoutez les tomates concassées et l'ail, assaisonnez et laissez mijoter pendant 20 min.
3. Au moment de servir, ajoutez les olives et le basilic.

Ajoutez 2 tranches de chorizo détaillées en tout petits dés en même temps que les tomates pour parfumer ce plat.

25 MIN

35 MIN

2

CURRY DE LÉGUMES

1 C. À SOUPE DE PÂTE DE CURRY

1 PETITE POIGNÉE D'HARICOTS VERTS COUPÉS EN DEUX

1/2 POIVRON ROUGE EN LANIÈRES

1 PATATE DOUCE EN DÉS

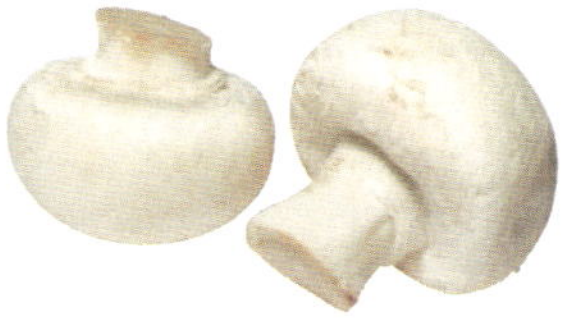

125 G DE CHAMPIGNONS ÉMINCÉS

... ET AUSSI UN PEU DE
OIGNON ÉMINCÉ (1)
CHOU-FLEUR EN FLEURETTES (1/2)
COULIS DE TOMATE (10 CL)
HUILE DE TOURNESOL

1. Dans une poêle, faites chauffer 2 c. à soupe d'huile et faites-y revenir l'oignon 5 min. Ajoutez les légumes, les champignons et 10 cl d'eau. Faites cuire 10 min à couvert.
2. Ajoutez le curry et le coulis de tomate. Salez, poivrez et laissez mijoter 20 min à couvert, en remuant de temps en temps. Servez aussitôt.

Si la sauce devient trop épaisse, ajoutez un peu d'eau.

VEGAN

20 MIN
25 MIN
2

DAHL DE LENTILLES
CORAIL AUX TOMATES

150 G DE LENTILLES CORAIL

150 G DE TOMATES CERISES

10 CL DE CRÈME DE COCO

1/2 OIGNON HACHÉ

1 C. À CAFÉ DE CUMIN EN POUDRE

1. Faites cuire les lentilles à l'eau bouillante salée pendant 15 min. Égouttez.
2. Dans la casserole, reversez les lentilles et ajoutez le crémeux de coco, l'oignon, le cumin et la moitié des tomates coupées en deux. Laissez mijoter 10 min en ajoutant un peu d'eau si nécessaire et en remuant régulièrement.
3. Assaisonnez et servez accompagné des tomates restantes

Parsemez le plat de coriandre hachée.

VEGAN

15 MIN

15 MIN

2

POÊLÉE DE LÉGUMES
AU CITRON

1 AUBERGINE EN LAMELLES

1/2 CITRON CONFIT

1 COURGETTE EN LAMELLES

1 POIVRON EN LAMELLES

1/2 OIGNON ÉMINCÉ

... ET AUSSI UN PEU DE
THYM (1/3 DE BOTTE)
LAURIER (QUELQUES FEUILLES)
AIL (1 GOUSSE)

1. Entaillez chaque tranche d'aubergine en damier.
2. Évidez le centre du citron pour n'en conserver que la peau. Hachez-la.
3. Faites cuire dans une poêle la courgette, les aubergines, l'oignon, le poivron, et l'ail 10 min. Ajoutez le citron, le thym et le laurier et poursuivez la cuisson 5 min. Salez, poivrez.

VEGAN

20 MIN

18 MIN

2

MIJOTÉ DE COURGETTES AU COCO ET CURCUMA

300 G DE COURGETTES EN DÉS

1 OIGNON ÉMINCÉ

1/2 C. À SOUPE DE CUMIN

1/2 C. À SOUPE DE CURCUMA

10 CL DE BOISSON DE COCO

... ET AUSSI UN PEU DE GINGEMBRE (1/2 C. À SOUPE) HUILE DE TOURNESOL

1. Dans un wok, faites sauter les courgettes et l'oignon 10 min dans 2 c. à soupe d'huile.
2. Ajoutez les épices et faites revenir encore 2 ou 3 min, salez et poivrez. Versez le coco et poursuivez la cuisson 5 min.

Servez accompagné d'une viande grillée ou d'un poisson vapeur, ou encore avec des patates douces rôties pour un repas végétarien.

SANS LACTOSE

SOUPE FROIDE DE CRESSON
ET CREVETTES

15 MIN

30 MIN

2

1/2 BOTTE DE CRESSON HACHÉE

10 CREVETTES DÉCORTIQUÉES

1 ÉCHALOTE HACHÉE

1 PETIT MORCEAU DE GINGEMBRE RÂPÉ

1/2 BOTTE DE CORIANDRE

… ET AUSSI UN PEU DE
HUILE D'OLIVE
CRÈME FRAÎCHE
(2 C. À SOUPE)

1. Faites revenir l'échalote et le gingembre dans l'huile d'olive. Mouillez avec 50 cl d'eau et laissez cuire 20 min.
2. Ajoutez le cresson. Prolongez la cuisson de 10 min.
3. Mixez la soupe, salez et poivrez. Servez avec de la coriandre ciselée, de la crème épaisse et les crevettes.

30 MIN · 15 MIN · 2

SALADE DU SUD-OUEST
AU FOIE GRAS

200 G DE FOIE GRAS CUIT EN FINES TRANCHES

8 FIGUES EN LAMELLES

150 G DE POUSSES D'ÉPINARDS

100 G D'HARICOTS VERTS

1 C. À SOUPE DE VINAIGRE DE CIDRE

... ET AUSSI UN PEU DE
HUILE D'OLIVE (2 C. À SOUPE)
CERFEUIL CISELÉ
(QUELQUES BRINS)

1. Faites cuire les haricots verts 15 min à l'eau bouillante salée. Rafraîchissez et égouttez. Rincez et essorez les pousses d'épinards.
2. Dans un bol, mélangez le vinaigre avec du sel, du poivre et fouettez avec l'huile.
3. Répartissez les pousses d'épinards et les haricots sur un plat de service, puis arrosez avec la sauce. Ajoutez le foie gras, le cerfeuil, les figues et servez frais.

15 MIN · 2 MIN · 2 · 1 H

CARPACCIO DE BŒUF
AUX CHAMPIGNONS

1 PAVÉ DE 250 G DE BŒUF TRÈS FRAIS ET MAIGRE

6 C. À SOUPE DE VINAIGRE BALSAMIQUE

1 POIGNÉE DE ROQUETTE

6 CHAMPIGNONS DE PARIS EN LAMELLES

40 G DE PARMESAN EN COPEAUX

1 FILET D'HUILE D'OLIVE

1. Emballez le bœuf de film alimentaire et mettez-le 1 h au congélateur. Dans une petite casserole, faites bouillir le vinaigre 2 min environ, le temps qu'il réduise de moitié et soit sirupeux, puis laissez refroidir.
2. Tranchez le bœuf le plus finement possible avec un grand couteau en le disposant au fur et à mesure sur 2 assiettes. Disposez au milieu la roquette ainsi que les champignons.
3. Salez, poivrez et saupoudrez de parmesan, arrosez d'un filet d'huile et de vinaigre réduit puis servez aussitôt.

10 MIN

15 MIN

2

BLANCS DE POULET À LA SAUGE

2 BLANCS DE POULET

6 TRANCHES DE LARD FUMÉ

4 FEUILLES DE SAUGE

1 C. À SOUPE D'HUILE D'OLIVE

1/2 VERRE DE VIN BLANC

10 G DE BEURRE

1. Salez et poivrez les blancs de poulet. Alignez 4 ou 5 tranches de lard sur un plan de travail. Posez un blanc de poulet surmonté de 2 feuilles de sauge, puis enroulez le tout.
2. Faites dorer les blancs de poulet à feu vif sur les faces dans un filet d'huile d'olive. Baissez le feu et poursuivez la cuisson à feu doux pendant 10 à 12 min.
3. Retirez le poulet de la poêle, ajoutez-y le beurre et versez le vin blanc. Laissez réduire en mélangeant, jusqu'à obtenir une sauce.

Servez avec des pâtes fraîches ou une salade verte.

ROULÉS DE VEAU AUX POIVRONS GRILLÉS

15 MIN

12 MIN

2

4 ESCALOPES DE VEAU FINES

1 BOCAL DE POIVRONS GRILLÉS

4 FEUILLES DE SAUGE

1 FILET D'HUILE D'OLIVE

1. Assaisonnez chaque escalope, puis déposez dessus 1 poivron grillé et 1 feuille de sauge. Enroulez les escalopes sur elles-mêmes et maintenez-les avec un cure-dent.
2. Faites-les dorer à la poêle dans l'huile, puis couvrez et poursuivez la cuisson pendant 10 min, en remuant de temps en temps.

Remplacez la sauce par du basilic frais.

INOXYDABLE

20 MIN

45 MIN

2

FILET MIGNON
AU CITRON

1/2 FILET MIGNON DE VEAU EN 4 MÉDAILLONS

150 G DE CHAMPIGNONS ÉMINCÉS

2 ÉCHALOTES ÉMINCÉES

100 G DE CRÈME FRAÎCHE

LE JUS D'1/2 CITRON

… ET AUSSI UN PEU DE HUILE D'OLIVE (1 C. À SOUPE) CERFEUIL HACHÉ (1 BRIN)

1. Faites revenir le filet mignon dans une sauteuse avec l'huile. Ajoutez les champignons émincés, les échalotes et le cerfeuil. Couvrez et faites cuire 45 min à feu doux.
2. Mélangez le jus du citron et la crème. Ajoutez-les au contenu de la sauteuse quelques minutes avant la fin de la cuisson.

Vous pouvez servir ce filet mignon accompagné d'une poêlée de légumes, comme par exemple celle de la page 128 !

15 MIN | 15 MIN | 2 | 2 H

PAVÉS DE SAUMON RÔTIS
À LA THAÏE

2 PAVÉS DE SAUMON SANS PEAU

2 C. À SOUPE DE SAUCE SWEET CHILI

1 OIGNON NOUVEAU

1. Déposez les pavés de saumon dans un plat. Salez, poivrez et enduisez-les généreusement de sauce sweet chili. Filmez et laissez mariner au moins 2 h au réfrigérateur.
2. Déposez les pavés sur la plaque du four recouverte de papier sulfurisé, recouvrez de marinade et enfournez pour 15 min à 180 °C.
3. Parsemez d'oignon émincé et dégustez aussitôt.

Servez avec du riz ou des nouilles asiatiques.

TOUR DU MONDE

15 MIN — 10 MIN — 2

SAINT-JACQUES AUX POIREAUX ET À LA PANCETTA

8 GROSSES NOIX DE SAINT-JACQUES

4 FINES TRANCHES DE PANCETTA

2 BLANCS DE POIREAU ÉMINCÉS FINEMENT

6 C. À SOUPE DE CRÈME LIQUIDE

3 NOIX DE BEURRE

… ET AUSSI UN PEU DE NOIX DE MUSCADE RÂPÉ
HUILE D'OLIVE (1 C. À SOUPE)

1. Faites cuire environ 4 min les blancs de poireaux à couvert et à feu doux, avec 2 noix de beurre. Ajoutez la crème et la muscade, salez et faites réduire 4 min à feu vif sans couvercle.
2. Faites fondre 1 noix de beurre avec l'huile dans une poêle. Faites dorer la pancetta jusqu'à ce qu'elle soit croustillante puis déposez-la sur du papier absorbant. Dans la même poêle et sans l'essuyer, saisissez les saint-jacques à feu vif 1 min de chaque côté.
3. Répartissez les poireaux dans les assiettes, déposez les saint-jacques et la pancetta, arrosez avec le jus de la poêle et servez aussitôt.

RECETTE WAHOU !

20 MIN

30 MIN

2

RISOTTO DE BUTTERNUT AUX CHAMPIGNONS

150 G DE RIZ À RISOTTO

1 VERRE DE VIN BLANC

200 G DE BUTTERNUT EN PETITS DÉS

150 G DE MÉLANGE DE CHAMPIGNONS

2 C. À SOUPE DE MASCARPONE

... ET AUSSI UN PEU DE BOUILLON-CUBE (1, DILUÉ DANS 70 CL D'EAU CHAUDE)
ÉCHALOTE (1)
PARMESAN RÂPÉ (2 C. À SOUPE)
BEURRE (1 NOIX)

1. Faites sauter 5 min les champignons, l'échalote et le potimarron avec le beurre et 1 pincée de sel, à feu vif. Ajoutez le riz et faites-le revenir 2 min. Versez le vin et laissez évaporer.
2. Ajoutez 2 louches de bouillon puis faites cuire à petit feu en remuant. Lorsque le bouillon est absorbé, répétez l'opération et ainsi de suite, pendant environ 20 min. Le risotto doit être semi-liquide.
3. Incorporez le mascarpone et le parmesan. Coupez le feu, couvrez et laissez reposer 5 min avant de servir. Rectifiez l'assaisonnement si besoin.

25 MIN — 30 MIN — 2

CONCHIGLIE FARCIES
RICOTTA ET ÉPINARDS

12 CONCHIGLIE

60 G DE RICOTTA

125 G D'ÉPINARDS SURGELÉS

10 CL DE CRÈME LIQUIDE

10 G DE PARMESAN RÂPÉ

… ET AUSSI UN PEU DE
HUILE D'OLIVE
(1/2 C. À SOUPE)
ŒUF (1 JAUNE)

1. Faites cuire les conchiglie 10 min dans un grand volume d'eau bouillante salée. Égouttez-les et passez-les sous l'eau froide. Ajoutez l'huile d'olive et mélangez.
2. Mélangez les épinards décongelés et bien égouttés, et la ricotta. Salez, poivrez, puis incorporez le jaune d'œuf.
3. Versez un peu de crème dans le fond d'un plat à gratin. Remplissez les conchiglie de farce et déposez-les au fur et à mesure dans le plat. Arrosez de crème et saupoudrez de parmesan.
4. Couvrez de papier d'aluminium et enfournez 15 min à 180 °C. Retirez le papier et prolongez la cuisson de 5 min sous le gril.

15 MIN

12 MIN

6

FONDANT
AU CHOCOLAT

325 G DE CHOCOLAT NOIR PÂTISSIER EN MORCEAUX

125 G DE BEURRE EN MORCEAUX

60 G DE SUCRE

2 ŒUFS

35 G DE FARINE

1. Faites fondre le chocolat avec le beurre et le sucre, au bain-marie ou au micro-ondes.
2. Mélangez bien puis ajoutez les œufs un à un en fouettant, jusqu'à obtenir un mélange lisse. Incorporez la farine tamisée.
3. Versez la pâte dans un plat rectangulaire allant au four. Enfournez 12 min à 180 °C.

GRAND CLASSIQUE

COOKIE
À LA POÊLE

15 MIN

25 MIN

2

100 G DE CHOCOLAT CONCASSÉ

1 ŒUF

130 G DE CASSONADE

1 GOUSSE DE VANILLE ÉGRAINÉE

200 G DE FARINE

... ET AUSSI UN PEU DE BEURRE DEMI-SEL FONDU (100 G)
LEVURE CHIMIQUE (1 SACHET)

1. Mélangez la farine, le sucre, le chocolat, la vanille et 1 pincée de sel. Ajoutez le beurre, l'œuf et la levure. Pétrissez le tout.
2. Étalez la pâte en rond sur du papier sulfurisé à l'aide d'un rouleau à pâtisserie.
3. Dans une petite poêle, faites cuire le cookie 15 min à feu doux. Retournez-le et faites-le cuire 10 min de plus.

Si vous n'avez pas de rouleau à pâtisserie, utilisez une bouteille en verre préalablement nettoyée.

10 MIN

5 MIN

6

1 H

BOUCHÉES CHOCOLATÉES AU RIZ SOUFFLÉ

150 G DE CHOCOLAT NOIR

8 CRÊPES DENTELLE ÉMIETTÉES

50 G DE RIZ SOUFFLÉ

1. Faites fondre le chocolat au bain-marie.
2. Sortez du feu, puis ajoutez le riz soufflé et les crêpes dentelle. Remuez bien pour enrober le tout de chocolat.
3. Tassez la préparation dans des petits moules en silicone et réservez au réfrigérateur au moins 1 h. Démoulez et servez.

15 MIN
30 MIN
4

GÂTEAU AUX POMMES
À LA POÊLE

2 POMMES EN QUARTIERS

150 G DE FARINE

65 CL DE LAIT

2 ŒUFS

LE ZESTE DE 1 CITRON

... ET AUSSI UN PEU DE
LEVURE CHIMIQUE (1 SACHET)
SUCRE GLACE (90 G)
BEURRE FONDU (20 G)

1. Mélangez la farine, le sucre glace et la levure. Incorporez le lait, les œufs, le beurre et le zeste du citron.
2. Faites revenir les pommes dans une poêle antiadhésive avec une noisette de beurre. Versez le mélange sur les pommes et faites cuire à feu doux 15 min de chaque côté.

15 MIN

20 MIN

6

MUFFINS AUX MYRTILLES

140 G DE MYRTILLES

1 ŒUF

80 G DE SUCRE

1/2 POT DE YAOURT

50 G DE BEURRE FONDU

... ET AUSSI UN PEU DE FARINE (100 G) LEVURE CHIMIQUE (1/2 SACHET)

1. Préchauffez le four à 180 °C. Dans un saladier, fouettez l'œuf avec le sucre jusqu'à ce que le mélange blanchisse.
2. Incorporez le yaourt et le beurre. Ajoutez la farine et la levure, puis mélangez pour obtenir une pâte homogène.
3. Incorporez les myrtilles délicatement pour ne pas les écraser. Versez la pâte dans des moules à muffins et enfournez pour 20 min à 180 °C. Servez tiède ou froid.

30 MIN | 2 MIN | 4 | 2 H

CHEESECAKE
À LA FRAISE

10 SABLÉS AU BEURRE ÉCRASÉS GROSSIÈREMENT

4 FEUILLES DE GÉLATINE

200 G DE SUCRE

450 G DE CREAM CHEESE

250 G DE FRAISES EN FINES TRANCHES

... ET AUSSI UN PEU DE JUS DE CITRON (1) CRÈME LIQUIDE ENTIÈRE TRÈS FROIDE (15 CL)

1. Répartissez la moitié des sablés dans 4 bocaux. Faites ramollir la gélatine dans un bol d'eau froide et chauffer le jus de citron. Hors du feu, ajoutez la gélatine essorée dans le jus, mélangez et réservez.
2. Fouettez le sucre avec le Philadelphia®, puis ajoutez le jus de citron. Fouettez la crème liquide en chantilly bien ferme et incorporez-la au mélange.
3. Montez les cheesecakes dans les bocaux, en alternant la crème, les fraises et les biscuits. Finissez avec des fraises et parsemez de morceaux de biscuits. Réservez au frais 2 h avant de servir.

10 MIN

25 MIN

6

TARTE COURONNE À LA RICOTTA ET AU LEMOND CURD

1 PÂTE SABLÉE

100 G DE RICOTTA

4 C. À SOUPE DE LEMOND CURD

1 PETITE MERINGUE CONCASSÉE

1. Mélangez délicatement la ricotta avec le lemon curd.
2. Déroulez la pâte sablée. À l'aide d'un saladier retourné, marquez le centre de la pâte, sans la couper. Retirez-le puis faites 8 entailles dans le cercle de façon à former 8 triangles.
3. Garnissez le pourtour de la pâte avec le mélange ricotta-lemon curd, en laissant un bord de pâte de 1 cm.
4. Badigeonnez le centre de la pâte d'un peu d'eau, puis repliez les triangles vers l'extérieur en collant les pointes sur le bord. Enfournez 25 min à 190 °C. Servez la tarte parsemée d'éclats de meringue.

Vous pouvez trouver du lemon curd en pot au rayon produits de monde de votre supermarché.

20 MIN | 25 MIN
6 | 1 H

TARTELETTES AUX FRAISES

1 PÂTE SABLÉE

500 G DE FRAISES ÉQUEUTÉES ET COUPÉES EN QUATRE

150 G DE FROMAGE BLANC

30 G DE MIEL

1. Garnissez 6 moules à tartelettes de pâte, piquez le fond à la fourchette puis enfournez 15 min environ à 180 °C. Laissez refroidir et démoulez.
2. Étalez le fromage blanc mélangé au miel sur les fonds de pâte. Disposez en pétales les morceaux de fraises dessus. Placez 1 h au frais avant de servir.

Vous pouvez remplacer les fraises par les fruits de votre choix !

RECETTE WAHOU !

10 MIN

20 MIN

4

GRATIN DE FRAMBOISES À L'AMANDE

400 G DE FRAMBOISES

125 G D'AMANDES EN POUDRE

100 G DE SUCRE

80 G DE BEURRE RAMOLLI

1 ŒUF ENTIER + 1 JAUNE D'ŒUF

... ET AUSSI UN PEU DE
CRÈME LIQUIDE ENTIÈRE
(1 C. À SOUPE)
FARINE (1 C. À SOUPE)

1. Battez le beurre avec les amandes, le sucre et la farine. Incorporez la crème, l'œuf entier et le jaune sans cesser de battre.
2. Étalez les framboises dans un plat à gratin et versez la crème aux amandes par-dessus. Enfournez 15 min à 200 °C, puis faites dorer 5 min sous le gril du four.

15 MIN

SANS CUISSON

4

4 H

TIRAMISU AU CAFÉ

3 ŒUFS AVEC JAUNES ET BLANCS SÉPARÉS

6 C. À SOUPE DE SUCRE

250 G DE MASCARPONE

12 CL D'EXPRESSO

10 BISCUITS À LA CUILLER

3 C. À SOUPE DE CACAO

1. Montez les blancs d'œufs en neige ferme en incorporant le sucre petit à petit. Fouettez les jaunes avec le mascarpone, puis mélangez les deux préparations délicatement à l'aide d'une spatule souple.
2. Trempez les biscuits dans le café en les disposant dans des coupelles individuelles ou un saladier. Recouvrez avec la préparation au mascarpone. Renouvelez l'opération jusqu'à tout recouvrir de mascarpone, et mettez au frais au moins 4 h.
3. Saupoudrez de cacao au moment de servir.

GRAND CLASSIQUE

15 MIN

40 MIN

6

RIZ AU LAIT
VANILLÉ

45 CL DE LAIT

1/2 GOUSSE DE VANILLE FENDUE EN DEUX

35 G DE SUCRE

100 G DE RIZ ROND

25 G DE BEURRE

1 JAUNE D'ŒUF

1. Mettez le lait à chauffer avec le sucre en poudre et la vanille dans une grande casserole.
2. Rincez le riz et versez-le dans 1 l d'eau bouillante pendant 2 min. Égouttez-le et ajoutez-le au lait. Baissez le feu et laissez cuire le riz à couvert, très doucement, pendant 30 à 40 min.
3. Une fois cuit, ajoutez le beurre et le jaune d'œuf et mélangez bien. Servez tiède ou froid.

Si vous préférez, vous pouvez remplacer la gousse de vanille par une pincée de cannelle.

GRAND CLASSIQUE

15 MIN
5 MIN
4
3 H

PANNA COTTA
AUX FRUITS ROUGES

250 G DE FRUITS ROUGES

30 G DE SUCRE GLACE

LE JUS D'1/2 CITRON

1 GOUSSE DE VANILLE

60 CL DE CRÈME LIQUIDE ENTIÈRE

... ET AUSSI UN PEU DE GÉLATINE (2 FEUILLES) SUCRE (4 C. À SOUPE)

1. Mixez 200 g de fruits avec le sucre glace et le jus du citron.
2. Mettez la gélatine à ramollir dans un bol d'eau froide. Grattez l'intérieur de la gousse de vanille. Portez la crème à ébullition avec le sucre et les grains de vanille. Incorporez la gélatine ramollie au fouet hors du feu.
3. Versez dans des petits bols et laissez prendre au moins 3 h au frais. Servez avec le coulis et les fruits réservés.

10 MIN

7 MIN

4

NEMS DE BANANE CHOCO-COCO

4 FEUILLES DE BRICK

2 BANANES EN RONDELLES

20 G DE CHOCOLAT NOIR RÂPÉ

2 C. À SOUPE DE NOIX DE COCO RÂPÉE

15 G DE BEURRE

1. Humidifiez les feuilles de brick, répartissez-y les bananes, saupoudrez de chocolat et de noix de coco. Repliez les feuilles pour former 4 nems.
2. Faites fondre le beurre dans une poêle et faites cuire les nems de 5 à 7 min en les retournant régulièrement.

SALADE DE FRUITS

20 MIN | 2 MIN

2 | 2 H

1/2 ANANAS PELÉ ET EN DÉS

1 PETITE BANANE PELÉE ET EN DÉS

LE ZESTE ET LE JUS D'1 CITRON VERT

1 PETITE MANGUE PELÉE ET EN DÉS

1 PETIT MORCEAU DE GINGEMBRE PELÉ ET RÂPÉ

...ET AUSSI UN PEU DE MENTHE (QUELQUES FEUILLES)
CASSONADE (1 C. À SOUPE)

1. Dans une petite casserole, versez le jus de citron, la cassonade et 1 petit verre d'eau. Ajoutez le gingembre et le zeste du citron. Portez à ébullition 2 min, puis coupez le feu, couvrez et laissez infuser ce sirop.
2. Pendant ce temps, mettez les fruits dans un saladier. Ajoutez le sirop et mettez au frais au moins 2 h.
3. Servez parsemé de feuilles de menthe.

Mettez le citron 10 secondes au micro-ondes permet de mieux le presser.

15 MIN | 3 MIN | 2

SALADE D'ORANGES À LA MERINGUE

8 PETITES MERINGUES CONCASSÉES

2 ORANGES ÉPLUCHÉES ET TRANCHÉES

70 G DE GROSEILLES ÉGRAPPÉES

1 PETITE POIGNÉE D'AMANDES EFFILÉES

1. Faites griller les amandes à sec dans une petite poêle pendant 3 min.
2. Dans un saladier, mélangez les oranges, les groseilles et les meringues, puis parsemez d'amandes grillées.

SANS LACTOSE

15 MIN · 30 MIN · 4

ANANAS RÔTI AU MIEL ET À LA VANILLE

1 ANANAS PELÉ

1 GOUSSE DE VANILLE FENDUE EN DEUX

6 C. À CAFÉ DE MIEL

LE JUS D'1/2 CITRON

40 G DE BEURRE EN PETITS MORCEAUX

1. Déposez l'ananas dans un plat allant au four.
2. Mélangez les graines de vanille avec le jus de citron et le miel. Badigeonnez-en l'ananas. Enfournez 25 min à 180 °C.
3. Déposez le beurre sur l'ananas et prolongez la cuisson de 5 min, en arrosant le fruit régulièrement. Dégustez chaud.

Servez l'ananas rôti avec une glace à la vanille ou un sorbet au citron vert.

RECETTE WAHOU !

5 MIN

5 MIN

1

PORRIDGE D'AVOINE
AUX FRUITS FRAIS

100 G DE FRUITS FRAIS DE SAISON

3 FIGUES SÉCHÉES EN MORCEAUX

4 C. À SOUPE DE FLOCONS D'AVOINE

1 C. À SOUPE DE SIROP D'AGAVE

20 CL DE BOISSON D'AMANDE

1 PINCÉE DE VANILLE EN POUDRE

1. Lavez les fruits, épluchez-les si nécessaire et coupez-les en petits morceaux.
2. Mettez les flocons d'avoine, le sirop d'agave, la boisson d'amande et la vanille dans une petite casserole, avec la moitié des figues. Portez à ébullition et faites cuire 5 min.
3. Lorsque le porridge est prêt, versez-le dans un bol et ajoutez les fruits frais ainsi que les figues restantes.

Vous pouvez remplacer le sirop d'agave par du miel liquide.

SANS LACTOSE

EXPRESS

10 MIN

SANS CUISSON

2

SMOOTHIE BOWL
MANGUE ET BANANE

300 G DE MANGUE EN DÉS OU SURGELÉE

2 BANANES EN MORCEAUX

50 CL DE BOISSON D'AVOINE

1 POIGNÉE DE FRAMBOISES

45 G DE FLOCONS D'AVOINE

... ET AUSSI UN PEU DE BAIES DE GOJI SÉCHÉES (1 C. À SOUPE) GRAINES DE CHIA (2 C. À SOUPE)

1. Mixez la mangue, les bananes et la boisson d'avoine jusqu'à obtenir un smoothie bien lisse.
2. Répartissez le smoothie dans chaque bol, puis déposez le reste des ingrédients dessus, en formant des lignes.

Variez les ingrédients de base, ainsi que les toppings ! Fruits rouges, boisson de riz, cranberries, dattes, graines, fruits à coque... Les associations sont infinies !

SANS LACTOSE

EXPRESS

10 MIN

45 MIN

1 KG

GRANOLA
CROUSTILLANT

350 G DE FLOCONS
DE CÉRÉALES AU CHOIX

150 G DE FRUITS
À COQUE (AMANDES, NOIX...)

200 G DE RAISINS SECS

10 C. À SOUPE DE MIEL
LIQUIDE

6 C. À SOUPE DE MÉLANGE
DE GRAINES AU CHOIX

... ET AUSSI UN PEU DE
ÉPICES MOULUES (CANNELLE,
ET GINGEMBRE, MUSCADE...)
HUILE DE COCO
(6 C. À SOUPE)

1. Préchauffez le four à 160 °C. Faites fondre l'huile avec le miel. Versez dans un grand saladier.
2. Ajoutez les flocons, les fruits à coque et les graines puis des épices selon votre goût. Mélangez bien avec les mains et étalez sur 2 plaques à four. Enfournez pour 45 min à 160 °C, en remuant le granola à mi-cuisson.
3. Laissez refroidir complètement. Ajoutez les raisins, puis servez avec du yaourt, du lait, des fruits frais...

Conservez dans un bocal hermétique pour que le granola garde son croustillant.

PANCAKES À L'ÉRABLE ET AU BACON

10 MIN | 20 MIN

4 | 10 MIN

12 FINES TRANCHES DE POITRINE NATURE

20 CL DE SIROP D'ÉRABLE

150 G DE FARINE

1 C. À CAFÉ DE LEVURE CHIMIQUE

15 CL DE LAIT ENTIER

… ET AUSSI UN PEU DE
ŒUF (1)
BEURRE FONDU (50 G)

1. Mélangez la farine et la levure dans un saladier. Fouettez l'œuf avec le lait à part, puis incorporez petit à petit au contenu du saladier en remuant au fouet. Laissez reposer au moins 10 min.
2. Versez des petites louches de pâte de 8 à 10 cm de diamètre dans une grande poêle chaude badigeonnée de beurre. Lorsque le dessous a des bulles, retournez-les pour cuire l'autre côté. Comptez 5 min par tournée.
3. Gardez les pancakes au chaud le temps de faire doucement dorer le bacon à la poêle 5 min. Servez-les avec le sirop d'érable et le bacon.

ENGLISH BREAKFAST

15 MIN | 15 MIN | 2

1/2 BOÎTE DE BAKED BEANS

10 PETITS CHAMPIGNONS

6 TRANCHES DE POITRINE NATURE

4 ŒUFS

2 PETITES TOMATES COUPÉES EN DEUX

... ET AUSSI UN PEU DE HUILE DE TOURNESOL PAIN DE MIE (4 TRANCHES COUPÉES EN TRIANGLE)

1. Mettez les haricots à chauffer tout doucement dans une petite casserole ou au micro-ondes.
2. Dans une grande poêle, faites dorer les champignons avec le bacon, jusqu'à ce que tout soit bien doré. Réservez et faites cuire les œufs à feu vif, avec les tomates posées côté chair. Salez et poivrez
3. Faites griller les tranches de pain Servez les champignons au bacon, les œufs, les tomates, les haricots et le pain.

Les baked beans (haricots à la tomate sucrés) se trouvent au rayon produits du monde.

TOUR DU MONDE

10 MIN

3 MIN

2

ŒUFS À LA COQUE JAMBON-CHEDDAR

2 ŒUFS EXTRA-FRAIS

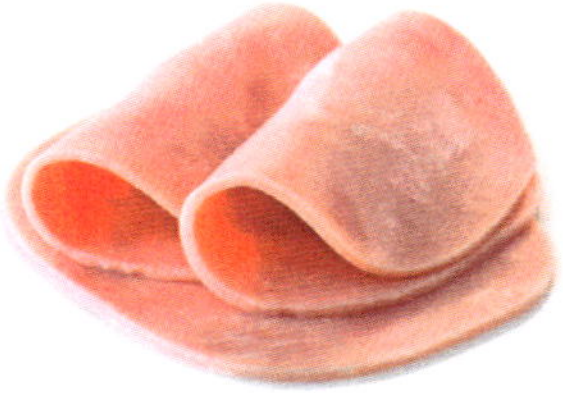

1 TRANCHE DE JAMBON CUIT COUPÉE EN DEUX

2 TRANCHES FINES DE CHEDDAR

1/4 DE BAGUETTE COUPÉE EN DEUX

BEURRE

1. Faites toaster les tranches de pain. Beurrez-les et déposez dessus le 1/2 jambon et le cheddar. Coupez chaque tranche de pain en bâtonnets afin d'obtenir des mouillettes.
2. Portez un grand volume d'eau à ébullition dans une casserole, puis plongez-y les œufs délicatement. À la reprise de l'ébullition, comptez 3 min de cuisson.
3. Sortez les œufs et déposez-les dans des coquetiers. Cassez leur chapeau à l'aide du dos d'une petite cuillère. Assaisonnez, puis servez-les aussitôt, accompagnés des mouillettes.

Vous pouvez remplacer la baguette par 2 tranches de pain de mie.

GRAND CLASSIQUE

EXPRESS

4 MIN

2 MIN

1

MUG
OMELETTE

1 TRANCHE DE JAMBON DE BAYONNE EN LANIÈRES

1/2 TRANCHE DE PAIN DE MIE EN PETITS MORCEAUX

2 ŒUFS

2 C. À SOUPE DE LAIT DEMI-ÉCRÉMÉ

2 C. À SOUPE DE GRUYÈRE RÂPÉ

1 C. À SOUPE DE CIBOULETTE CISELÉE

1. Cassez les œufs dans un mug. Fouettez-les avec le fromage et le lait. Assaisonnez selon votre goût, puis incorporez le jambon et le pain de mie.
2. Parsemez de ciboulette et mélangez à nouveau. Enfournez pour 1 min au micro-ondes, puis poursuivez la cuisson 1 min en surveillant.

EXPRESS

10 MIN

2 MIN

2

AVOCADO TOASTS

2 TRANCHES DE PAIN

1 AVOCAT EN LAMELLES

1 C. À SOUPE + 1 FILET D'HUILE D'OLIVE

LE JUS D'1/2 CITRON

2 C. À SOUPE DE PURÉE DE NOIX DE CAJOU

... ET AUSSI UN PEU DE FLOCONS DE PIMENT (1 PINCÉE)
FLEUR DE SEL (1 PINCÉE)

1. Badigeonnez le pain d'huile d'olive. Faites-les dorer dans une poêle bien chaude.
2. Tartinez le pain de purée de noix de cajou. Déposez les lamelles d'avocat dessus et arrosez de jus de citron.
3. Parsemez les toasts de flocons de piment. Arrosez d'un filet d'huile d'olive et saupoudrez d'une pincée de fleur de sel. Servez aussitôt.

Vous pourrez trouver de la purée de noix de cajou dans les magasins bio. Vous pouvez la remplacer par du creamcheese pour plus de fraîcheur !

EXPRESS

SMOOTHIE PÊCHE-FRAISE

5 MIN

SANS CUISSON

2

1 YAOURT BRASSÉ

3 PÊCHES PELÉES ET EN MORCEAUX

200 G DE FRAISES EN MORCEAUX

2 C. À SOUPE DE MIEL

1. Déposez les pêches dans un bol mixeur avec les fraises.
2. Ajoutez 8 glaçons et mixez par à-coups, puis incorporez le yaourt et le miel. Mixez de nouveau jusqu'à obtenir un mélange mousseux. Si le smoothie vous semble trop épais, rajoutez un peu d'eau glacée.
3. Répartissez dans des verres et servez aussitôt.

Vous pouvez ajouter quelques feuilles de verveine ou de menthe.

EXPRESS

15 MIN

5 MIN

2

MOCACCINO
VELOUTÉ VIENNOIS

60 G DE CHOCOLAT NOIR EN MORCEAUX

60 CL DE LAIT

1 C. À SOUPE RASE DE CASSONADE

4 C. À CAFÉ DE CAFÉ LYOPHILISÉ

2 C. À SOUPE RASES DE FÉCULE DE MAÏS

CHANTILLY EN BOMBE

1. Dans une casserole à fond épais, mélangez la fécule, la cassonade et le café, puis délayez petit à petit avec le lait froid à l'aide d'un fouet à main.
2. Mettez la casserole sur un feu moyen, ajoutez le chocolat et portez presque à ébullition sans jamais cesser de fouetter jusqu'à ce que le chocolat soit bien fondu et la préparation veloutée, 5 min environ.
3. Fouettez à nouveau, puis versez aussitôt dans des mugs. Déposez de la chantilly par-dessus.

Râpez un peu de chocolat au-dessus de la chantilly

10 MIN

5 MIN

2

CHAÏ LATTE

2 C. À SOUPE RASES DE THÉ NOIR

6 GOUSSES DE CARDAMOME

1 BÂTON DE CANNELLE CASSÉ

10 GRAINS DE POIVRE

60 CL DE LAIT

4 C. À SOUPE DE LAIT CONCENTRÉ SUCRÉ

1. Écrasez les gousses de cardamome et le poivre à l'aide d'un rouleau à pâtisserie. Mettez les épices écrasées dans la casserole avec la cannelle, les deux laits et le thé.
2. Portez à ébullition en fouettant régulièrement, puis coupez le feu, couvrez et laissez infuser 5 min.
3. Fouettez à nouveau, puis versez dans des grands verres en filtrant avec une petite passoire. Servez brûlant ou au contraire froid avec des glaçons.

Ajustez la quantité de lait concentré selon votre goût.

TOUR DU MONDE

INDEX PAR INGRÉDIENTS

Photographies des recettes
© Larousse, Anne Loiseau : p. 180 ; © Larousse, Aude Royer : p. 32, p. 46, p. 78, p. 182 ; © Larousse, Audrey Cosson : p. 186 ; © Larousse, Béatrice Vigot-Lagandré : p. 12, p. 20, p. 74, p. 102, p. 112, p. 160, p. 166, p. 200 ; © Larousse, Bérengère Abraham : p.14, p. 16, p. 162 ; © Larousse, Blandine Boyer : p. 6, p., p. 30, p. 44, p. 56, p. 58, p. 62, p. 64, p. 66, p. 84, p. 88, p. 98, p. 100, p. 116, p. 118, p. 120, p. 136, p. 146, p. 148, p. 152, p. 170, p. 174, p. 178, p. 188, p. 190, p. 192, p. 202, p. 204 ; © Larousse, Coralie Ferreira : p. 36, p. 38, p. 72, p. 164, p. 184, p. 198 ; © Larousse, Élise Delprat-Alvarès : p. 24, p. 70, p. 86, p. 94, p. 106, p. 110, p. 142, p. 176, p. 196 ; © Larousse, Isabelle Guerre : p. 34, p. 40, p. 76, p. 90, p. 124, p. 130 ; © Larousse, Julie Soucail : p. 18, p. 42, p. 92, p. 150 ; © Larousse, Marine Durand : p. 8, p. 68 ; © Larousse, Mélanie Martin : p. 10, p. 22, p. 26, p. 28, p. 52, p. 194 ; © Larousse, Monique Depraz-Guilbert : p. 114 ; © Larousse, Noémie Strouk : p. 80, p. 122, p. 126, p. 140, p. 144 ; © Larousse, Sandrine Houdré-Grégoire : p. 48, p. 50 ; © Larousse, Vincent Amiel : p. 82, p. 96, p. 104, p. 108, p. 128, p. 154, p. 158.

Textes
Photographies des recettes : © Larousse, Aimery Chemin : p. 39 ; © Larousse, Aline Princet : p. 23, p. 27 ; © Larousse, Amandine Honegger : p. 13, p. 21, p. 75, p. 103, p. 113, p. 201, p. 71, p. 87, p. 95, p. 107, p. 111, p. 143, p. 177, p. 135, p. 161 ; © Larousse, Charly Deslandes : p. 15, p. 17, p. 73, p. 185, p. 199 ; © Larousse, Claire Payen : p. 83, p. 97, p. 105, p. 109, p. 129, p. 155, p. 159 ; © Larousse, Claudia Gödke : p. 187 ; © Larousse, Delphine Amar-Constantini : p. 133, p. 167, p. 181 ; © Larousse, Emanuela Cino : p. 11, p. 29, p. 53, p. 115, p. 195 ; © Larousse, Fabrice Besse : p. 33, p. 47, p. 49, p. 51, p. 79, p. 183, p. 163 ; © Larousse, Fabrice Veigas : p. 7, p. 9, p. 19, p. 31, p. 35, p. 41, p. 43, p. 45, p. 69, p. 77, p. 63, p. 67, p. 89, p. 91, p. 93, p. 99, p. 117, p. 119, p. 121, p. 125, p. 131, p. 137, p. 147, p. 149, p. 151, p. 179, p. 189, p. 203, p. 205 ; © Larousse, Olivier Ploton : p. 25, p. 57, p. 59, p. 65, p. 81, p. 85, p. 101, p. 123, p. 126, p. 141, p. 145, p. 153, p. 157, p. 171, p. 175, p. 191, p. 193 ; © Larousse, Tiphaine Birotheau : p. 197 ; © Larousse, Virginie Garnier : p. 37, p. 165.

Crédits photographiques des vignettes : © Thinkstock, © Shutterstock, © Larousse

Direction de la publication : Isabelle Jeuge-Maynart et Ghislaine Stora
Direction éditoriale : Émilie Franc et Julie Martin
Direction artistique : Géraldine Lamy
Édition : Alice Delbarre assistée d'Andréa Lawson, Marion Dellapina et Marine Lesauvage
Couverture et conception graphique : Valentine Antenni
Informatique éditoriale : Philippe Cazabet
Fabrication : Laetitia Messadene

ISBN : 978-2-03-605445-5
Photogravure : Nord Compo, Villeneuve d'Asq
Imprimé en Espagne par Graficas Estella
334190-01 – 11053225 – juillet 2023
Dépôt légal : août 2023